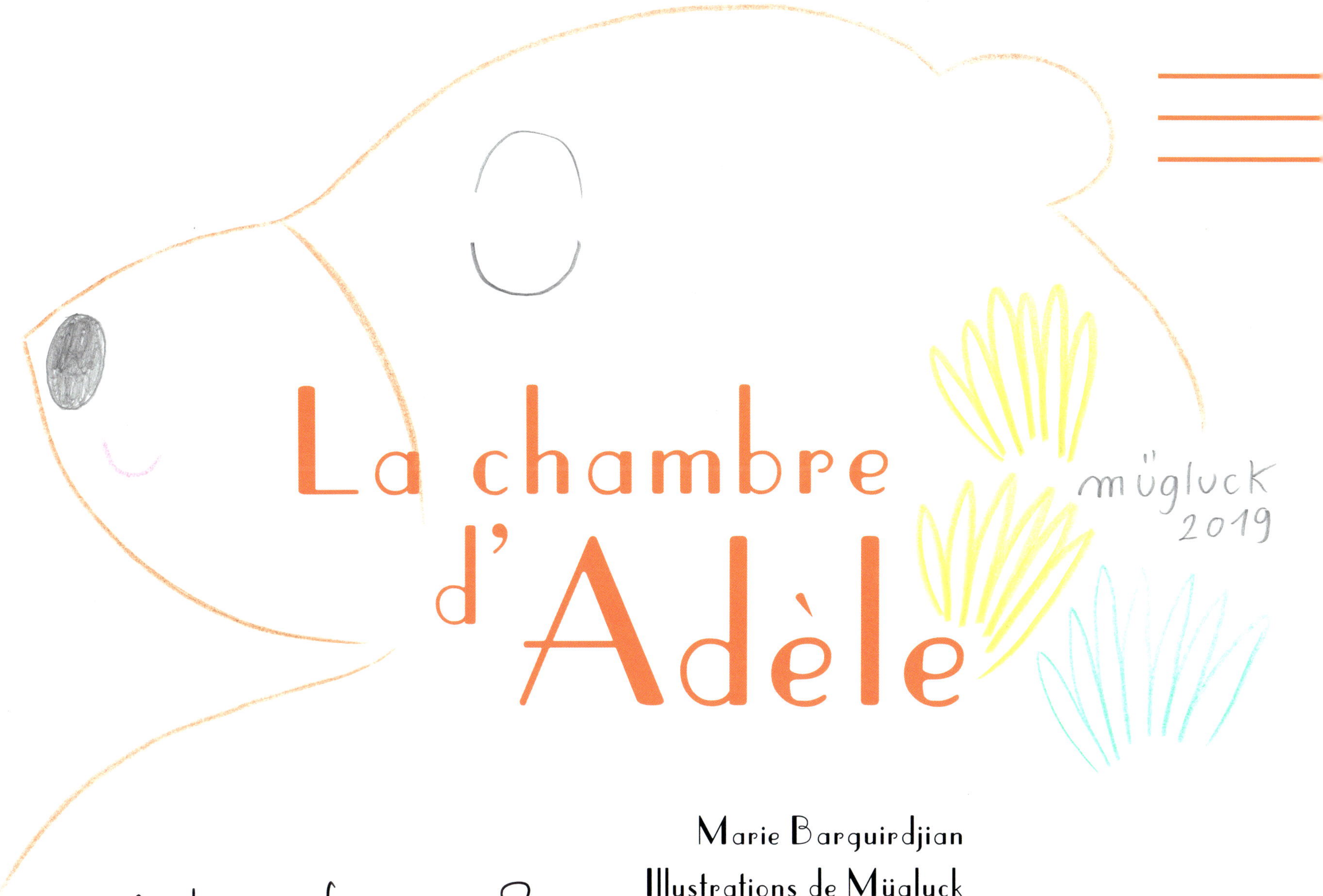

La chambre d'Adèle

Marie Barguirdjian
Illustrations de Mügluck

Art ou bazar?
Amitiés :)
Marie B

Bienvenue dans la Chambre d'Adèle à la famille Mejjad!

édito
jeunesse

Pour Adèle, la vraie.

Conception graphique : Ann-Sophie Caouette

ISBN : 978-2-924959-37-4
Dépôt légal – Bibliothèque et Archives nationales du Québec, 2019
Dépôt légal – Bibliothèque et Archives Canada, 2019

Imprimé au Manitoba

Quand Adèle joue, elle oublie tout.

Elle oublie l'heure de manger.
Elle oublie l'heure d'aller à l'école.
Elle oublie l'heure de prendre son bain.

Adèle oublie tout parce qu'elle invente
des histoires extraordinaires,
des histoires qui nous entraînent
dans les aventures les plus folles.

*Adèle, tu vas être
en retard !*

Adèle, au bain !

Adèle, viens manger !

Adèle quel bazar !!

Je pourrais vous raconter la fois où Ouistiti
avait décidé de partir en Inde, au pays de ses ancêtres.
Avec Adèle, nous sommes montés dans
un vieux train à vapeur. Quelle chaleur !

Ou la fois où Nanipi voulait visiter les pyramides d'Égypte.
Adèle en a construit une gigantesque avec tous ses livres.
On avait peur de s'y perdre tant elle était grande.

Quand les parents d'Adèle ont ouvert la porte
de la chambre, ils étaient fâchés.

Depuis ce matin, Adèle est très occupée.
Elle aide Dolly Doll à préparer
une fête au château.

Elle fabrique des guirlandes en papier
qu'elle accroche un peu partout.

C'est magnifique !

Quand tout le monde est prêt, Adèle nous installe,
Ouistiti et moi, dans une calèche.
C’est Nanipi qui la conduit, il connaît bien le chemin.
Mais on n’avance pas très vite, et Adèle a peur
d’arriver en retard à la fête.

Allez, Nanipi ! Hue ! Clop, clop, clop.

Impatiente Dolly Doll est déjà
partie dans son bolide.
Son chapeau s'est envolé avec le vent.

Arrivés au château, Tifortou et ses petites tasses nous proposent « thé ou café ? ». On allait répondre « jus d'orange ! » en chœur pour la taquiner, comme Adèle nous l'avait soufflé à l'oreille, quand patatras, les guirlandes de la fête ont dégringolé sur nos têtes.

Oh non ! s'exclame Dolly Doll, toute déçue.

C'est à ce moment-là que la porte de la chambre s'est ouverte…

Oh là là!

Oh là là, Adèle, mais quel bazar !
s'écrient ses parents.

On ne peut pas mettre un pied devant l'autre !
continue son papa.

Une chatte n'y retrouverait pas
ses chatons, ajoute sa maman.

C'est de pire en pire. Tu ne peux pas passer
ton temps à mettre ta chambre dans un tel état !
se fâche son papa. On te l'a déjà dit,
tu n'as pas besoin de sortir tous
tes jouets en même temps !

Adèle ne dit rien.
Elle ne trouve pas que c'est le bazar.
Moi non plus.
Je me serre tout contre elle.

Regarde, dit son papa,
les livres avec les livres.

Les poupées avec les poupées,
continue sa maman. On les remet
dans leur berceau ?

Non ! hurle Adèle.

Mais enfin, Adèle, il faut bien ranger,
insiste sa maman.

Et puis c'est bientôt l'heure de notre
promenade, ajoute son papa.
As-tu oublié que nous allons au musée ?
Allez, aide-nous un peu...

Ah, voilà, c'est beaucoup mieux ainsi !
Une place pour chaque chose
et chaque chose à sa place.
Allons-y, le musée nous attend !

Chaque samedi, Adèle et ses parents visitent un musée. Le Musée des papillons, le Musée du cheval, le Musée du miel, le Musée de l'aviation, le Musée des océans. On dirait qu'il y a des musées pour tout.

Aujourd’hui, nous allons au Musée de la peinture.

Au musée, on découvre de drôles de peintures.
Regarde, Nours, Dolly Doll adorerait cette robe !

Et la jolie tasse en or ! Tifortou serait jalouse.

Dans la dernière salle, il y a un tableau immense,
plein de couleurs. Je trouve les dessins
d'Adèle beaucoup plus jolis.

C'est peut-être une tempête ! me chuchote-t-elle.
Improvisation 1923, lit son papa
sur l'étiquette à côté du tableau.
Mais ça ne ressemble à rien ! se moque Adèle.

Il y a pourtant des couleurs magnifiques !
s'exclame son papa. Et regarde, ma chérie,
toutes ces lignes, on dirait des chemins qui nous
conduisent dans un monde nouveau.

Un monde nouveau ? s'étonne Adèle.
Oui, un monde nouveau ! insistent ses parents.

Un monde en bazar et vraiment
très bizarre, dit Adèle.

Mais Adèle, c'est de l'art !
s'exclament ensemble papa et maman.

Adèle

De retour dans la chambre d'Adèle, on a pris le thé et regardé
les cartes postales achetées au musée.

Les couleurs de cette toile ressemblaient à celles de la jungle de ton pays, Ouistiti!
commente Adèle en lui montrant la carte.

Puis elle raconte à Nanipi qu'il y avait un âne peint dans un tableau,
«mais pas aussi joli que toi, mon Nanipi», ajoute-t-elle.

C'est à ce moment-là que j'ai proposé qu'on fasse des dessins.
Les crayons de couleur et les feuilles se sont mis à voler dans la chambre.
On essayait de les attraper et...

quel bazar!
MIAM

Quand sa maman est venue chercher
Adèle pour souper, elle s’est exclamée :

Oh non, ça recommence, mais quel bazar, Adèle !

Alors Adèle a répondu :
Mais maman, c’est de l’art !

Cette histoire a été écrite avec la complicité de jouets de la collection du Musée McCord à Montréal :

Le château

Maison de poupée, vers 1875. Don de Margaret Van Horn, M970.23.59.1-10 © Musée McCord

Nours

Ours en peluche, 1900-1920
Don de Mme R. S. Logan
M948.2.1.1 © Musée McCord

Dolly Doll

Poupée, vers 1935
Fabricant : Chad Valley Company Ltd.
Don de Nora Murchison
974.81.12.1 © Musée McCord

Ouistiti

Jouet mécanique, singe grimpeur, 1905-1930
Fabricant : Ernest Paul Lehmann
Don de Mme George B. Dorey
M973.46.13 © Musée McCord

La calèche

Charrette à chèvres, fin du 19e siècle. Don de R. H. Gaunt, M969.22.21.1-2 © Musée McCord

Le bolide

Voiture de course Alfa Romeo, 1954-1964. Fabricant : Meccano Ltd.
Don de Malcolm J. Roberts, M2007.83.17 © Musée McCord

Le train à vapeur

Train, 1880-1900, M975.55.3.1-3 © Musée McCord

Tifortou

Théière, 1921-1924. Fabricant : Noritake/Morimura Bros
Don d'Elizabeth Sifton, M2008.45.1.1.1-2 © Musée McCord

Nanipi

Jouet à pousser, âne, vers 1950. Fabricant : Merrythought. À la mémoire de Dean Coton, membre fondateur du Ladies Committee of the MMFA, maintenant l'Association des bénévoles du Musée des beaux-arts de Montréal, M2015.46.5 © Musée McCord

Achevé d'imprimer au Canada en novembre 2019